Eichendorff

Fünfzig Gedichte

Joseph von Eichendorff

Fünfzig Gedichte

Ausgewählt von
Hartwig Schultz

Philipp Reclam jun. Stuttgart

Umschlagabbildung:
Joseph von Eichendorff
Gemälde von Karl Joseph Raabe, 1809

Universal-Bibliothek Nr. 18102

Gesamtherstellung: Reclam, Ditzingen. Printed in Germany 2001
RECLAM und UNIVERSAL-BIBLIOTHEK sind eingetragene Marken
der Philipp Reclam jun. GmbH & Co., Stuttgart
ISBN 3-15-018102-X

Variation

Wenn die Klänge nahn und fliehen,
In den Wogen süßer Lust,
Ach! nach tiefern Melodieen
Sehnt sich einsam oft die Brust!

Wenn auf Bergen blüht die Frühe,
Wieder buntbewegt die Straßen,
Freut sich alles, wie es glühe,
Himmelwärts die Erde blühe;
Einer doch muß tief erblassen,
Goldne Wunder, Sternenlust
Wollten ewig ihn nicht lassen –
Sehnt sich einsam nun die Brust.

Und aus solcher Schmerzen Schwellen,
Was so lange dürstend rang,
Will ans Licht nun rastlos quellen,
Stürzend mit den Wasserfällen
Himmelstäubend, jubelnd, bang,
Nach der Ferne sanft zu ziehen,
Wo so himmlisch Rufen sang,
Ach! nach tiefern Melodieen.

Blüten licht nun Blüten drängen,
Daß er vor Glanz möcht scheu erblinden;
In den dunklen Zaubergängen,
Von den eigenen Gesängen
Hold gelockt, kann er nicht finden
Aus dem Labyrinth der Brust.
Was er liebt, will's treu verkünden
In den Wogen süßer Lust.

Doch Waldsrauschen, Quellenlieder,
Wie er so will ewig knieen,
Kommen zaubrisch immer wieder
Und begeistert schaut er nieder:
»Wenn die Klänge nahn und fliehen,
In den Wogen süßer Lust,
Ach! nach tiefern Melodieen
Sehnt sich einsam oft die Brust!«

An Isidorus Orientalis

zu den Sonetten an Novalis

Erwartung wob sich grün um alle Herzen
Als wir die blaue Blume sahen glühen,
Das Morgenrot aus langen Nächten blühen, –
Da zog Maria ihn zu ihrem Herzen.

Die Treuen schlossen sich in tausend Schmerzen,
Erfüllung betend wollt'n sie ewig knieen;
Da sahn sie neuen Glanz die Blume sprühen,
Ein Kind stieg licht aus ihrem duft'gen Herzen. –

Solch Glühen muß der Erde Mark durchdringen,
In Flammen alle Farben jauchzend schwingen,
Ein Gotterklungner unermeßner Brand!

Wie ruft es mich! – Reich fester mir die Hand –
Hinunter in den Opfertod zu springen!
Du wirst uns all dem Vater wiederbringen!

Waldlust

Ach! wie ist es doch gekommen,
Daß die grüne Waldes-Pracht
So mein ganzes Herz genommen,
Mich um alle Ruh gebracht!

Wenn von drüben Lieder wehen,
Waldhorn gar nicht enden will,
Weiß ich nicht, wie mir geschehen,
Und im Herzen bet ich still.

Könnt ich zu den Wäldern flüchten,
Mit dem Grün in frischer Lust
Mich zum Himmelsglanz aufrichten –
Stark und frei wär da die Brust!

Hörnerklang und Lieder kämen
Nicht so schmerzlich an mein Herz,
Fröhlich wollt ich Abschied nehmen,
Zög auf ewig wälderwärts.

Waldhornsklänge, funkelnd Bläue,
Alte Wunder, schaurig Grün!
Breitet um mein Leben treue
Ewig euer Baldachin!

Die Hochzeitsnacht

Romanze

Nachts durch die stille Runde
Rauschte des Rheines Lauf,
Ein Schifflein zog im Grunde,
Ein Ritter stand darauf.

Die Blicke irrend schweifen
Von seines Schiffes Rand,
Ein blutigroter Streifen
Sich um das Haupt ihm wand.

Der sprach: »Da oben stehet
Ein Schlößlein überm Rhein,
Die an dem Fenster stehet,
Das war die Liebste mein.

Sie hat mir Treu versprochen,
Bis ich gekommen sei,
Sie hat die Treu gebrochen
Und alles ist vorbei.«

Viel Hochzeitleute drehen,
Da oben laut und bunt,
Sie bleibet einsam stehen
Und schauet in den Grund.

Und wie sie tanzten munter,
Und Schiff und Schiffer schwand,
Stieg sie vom Schloß hinunter
Bis sie im Garten stand.

Die Spielleut musizierten,
Sie sann gar mancherlei,
Die Töne sie so rührten,
Als müßt das Herz entzwei.

Da trat ihr Bräut'gam süße
Zu ihr aus stiller Nacht,
So freundlich er sie grüßte,
Daß ihr das Herze lacht.

Er sprach: »Was willst du weinen,
Weil alle fröhlich sein!
Die Sterne schöne scheinen,
So lustig geht der Rhein.

Das Kränzlein in den Haaren
Steht dir so wunderfein,
Wir wollen etwas fahren
Hinunter auf dem Rhein.«

Zum Kahn folgt sie behende,
Setzt sich ganz vorne hin,
Er setzt' sich an das Ende
Und ließ das Schifflein ziehn.

Sie sprach: »Die Töne kommen
Verworren durch den Wind,
Die Fenster sind verglommen,
Wir fahren so geschwind.

Was sind das für so lange
Gebirge weit und breit?
Mir wird auf einmal bange
In dieser Einsamkeit.

Und fremde Leute stehen
Auf mancher Felsenwand,
Und stehen still und sehen
So steinern übern Rand.« –

Der Bräut'gam schien so traurig
Und sprach kein einzig Wort,
Schaut' in die Wellen schaurig
Und rudert' immerfort.

Sie sprach: »Schon seh ich Streifen
So rot im Morgen stehn,
Und Stimmen hör ich schweifen,
Vom Ufer Hähne krähn.

Du siehst so still und wilde,
So bleich wird dein Gesicht,
Mir graut vor deinem Bilde –
Du bist mein Bräut'gam nicht.« –

Da stund er auf – das Sausen
Hielt still in Flut und Wald,
Es rührt mit Lust und Grausen
Das Herz ihr die Gestalt.

Und wie mit steinern'n Armen
Hob er sie auf voll Lust,
Drückt ihren schönen, warmen
Leib an die eis'ge Brust. –

Licht wurden Wald und Höhen,
Der Morgen schien blutrot,
Das Schifflein sah man gehen,
Die schöne Braut drin tot.

Klage

Ich hab manch Lied geschrieben,
Die Seele war voll Lust,
Von rechtem Tun und Lieben,
Das Beste, was ich wußt.

Was mir das Herz bewogen,
Das sagte treu mein Mund,
Und das ist nicht erlogen
Was kommt aus Herzensgrund.

Liebchen wußt's nicht zu deuten
Und lacht mir ins Gesicht,
Dreht' sich zu andern Leuten
Und achtet's weiter nicht.

Und spielt mit manchem Tropfe,
Weil ich so tief betrübt,
Mir ist so dumm im Kopfe,
Als wär ich nicht verliebt.

Ach Gott, wem soll ich trauen,
Will sie mich nicht verstehn,
Tun all so fremde schauen,
Und alles muß vergehn.

Und alles irrt zerstreuet,
Sie ist so schön und rot,
Ich hab nichts, was mich freuet,
Ach wär ich lieber tot!

Lied

In einem kühlen Grunde
Da geht ein Mühlenrad,
Mein Liebste ist verschwunden,
Die dort gewohnet hat.

Sie hat mir Treu versprochen,
Gab mir ein Ring dabei,
Sie hat die Treu gebrochen,
Mein Ringlein sprang entzwei.

Ich möcht als Spielmann reisen
Weit in die Welt hinaus,
Und singen meine Weisen
Und gehn von Haus zu Haus.

Ich möcht als Reiter fliegen
Wohl in die blut'ge Schlacht,
Um stille Feuer liegen
Im Feld bei dunkler Nacht.

Hör ich das Mühlrad gehen,
Ich weiß nicht, was ich will,
Ich möcht am liebsten sterben,
Da wär's auf einmal still.

Heimkehr

Sind's die Häuser, sind's die Gassen?
Ach, ich weiß nicht, wo ich bin.
Hab ein Liebchen hier gelassen
Und manch Jahr ging seitdem hin.

Aus den Fenstern schöne Frauen
Sehn mir freundlich ins Gesicht,
Keine kann so frischlich schauen,
Als mein liebes Liebchen sicht.

An dem Hause pocht ich bange –
Doch die Fenster stehen leer,
Ausgezogen ist sie lange
Und es kennt mich keiner mehr.

Und ringsum ein Rufen, Handeln,
Musikanten fiedeln drein,
Herrn und Damen gehn und wandeln
Zwischendurch in bunten Reihn.

Zierlich bücken, freundlich blicken,
Manches flücht'ge Liebeswort,
Händedrücken, heimlich Nicken –
Nimmt sie all der Strom mit fort.

Und mein Liebchen sah ich eben,
Traurig in dem lust'gen Schwarm,
Und ein schöner Herr daneben
Führt sie stolz und ernst am Arm.

Doch verblaßt war Mund und Wange
Und gebrochen war ihr Blick,
Seltsam schaut' sie, stumm und lange
Lange noch auf mich zurück.

Und es endet Tag und Scherzen,
Durch die Gassen pfeift der Wind,
Keiner weiß, wie unsre Herzen
Wild von Schmerz zerrissen sind.

Waldesgespräch

Romanze

Es ist schon spät, es ist schon kalt,
Was reit'st du einsam durch den Wald?
Der Wald ist groß, du bist allein,
Du schöne Braut, ich führ dich heim!

»Groß ist der Männer Trug und List,
Vor Schmerz mein Herz gebrochen ist,
Wohl irrt das Waldhorn her und hin,
O flieh, Du weißt nicht wer ich bin!«

So reich geschmückt ist Roß und Weib,
So wunderschön der junge Leib,
Jetzt kenn ich dich – Gott steh mir bei!
Du bist die Hexe Lorelay.

»Du kennst mich wohl – vom hohen Stein
Schaut still mein Schloß in tiefen Rhein;
Es ist schon spät, es wird schon kalt,
Kommst nimmermehr aus diesem Wald.«

Der Dichter

Nichts auf Erden nenn ich mein
Als die Lieder meiner Laute,
Doch nenn den, der freud'ger schaute
In die schöne Welt hinein!
Alles Lebens tiefste Schöne
Tun geheimnisvoll ja Töne
Nur dem frommen Sänger kund,
Und die Freude sagt kein Mund,
Die Gott wunderbar gelegt
In des Dichters Herzensgrund.
Wenn die Welt, so wild bewegt,
Ängstlich schaut nach ihren Rettern:
Über aller Nebel Wogen
Wölbt Er kühn den Friedensbogen,
Und, wie nach verzognen Wettern,
Rauscht die Erde wieder mild,
Alle Knospen Blüten treiben,
Und der Frühling ist sein Haus,
Und der Frühling geht nie aus. –
O du lieblich Frauenbild!
Willst du bei dem Sänger bleiben? –
Blumen bind't ein streng Geschick:
Wenn die tausend Stimmen singen,
Alle Schmerzen, alles Glück
Ewig lautlos zu verschweigen.
Doch bei kühlem Mondenblick
Regt ihr stiller Geist die Schwingen,
Möcht dem duft'gen Kelch entsteigen.
Sieh, schon ist die Sonn gesunken
Aus der dunkelblauen Schwüle,

Und zerspringt in tausend Funken
An den Felsen rings und Bäumen,
Bis sie alle selig träumen.
Mit den Sternen in der Kühle
Blühn da Wünsche, steigen Lieder
Aus des Herzens Himmelsgrund,
Und ich fühle Alles wieder:
Alte Freuden, junges Wagen!
Ach! so viel möcht ich dir sagen,
Sagen recht aus Herzensgrund,
In dem Rauschen, in dem Wehen
Möcht ich fröhlich mit dir gehen,
Plaudern in der lauen Nacht,
Bis der Morgenstern erwacht! –

Lieber alles

Soldat sein, ist gefährlich,
Studieren sehr beschwerlich,
Das Dichten süß und zierlich,
Der Dichter gar possierlich
In diesen wilden Zeiten.
Ich möcht am liebsten reiten,
Ein gutes Schwert zur Seiten,
Die Laute in der Rechten,
Studentenherz zum Fechten.
Ein wildes Roß ist's Leben,
Die Hufe Funken geben,
Wer's ehrlich wagt, bezwingt es,
Und wo es tritt, da klingt es!

Es waren zwei junge Grafen
Verliebt bis in den Tod,
Die konnten nicht ruhn noch schlafen
Bis an den Morgen rot.

O trau den zwei Gesellen,
Mein Liebchen, nimmermehr,
Die gehn wie Wind und Wellen,
Gott weiß: wohin, woher. –

Wir grüßen Land und Sterne
Mit wunderbarem Klang,
Und wer uns spürt von ferne,
Dem wird so wohl und bang.

Wir haben wohl hienieden
Kein Haus an keinem Ort,
Es reisen die Gedanken
Zur Heimat ewig fort.

Wie eines Stromes Dringen
Geht unser Lebenslauf,
Gesanges Macht und Ringen
Tut helle Augen auf.

Und Ufer, Wolkenflügel,
Die Liebe hoch und mild –
Es wird in diesem Spiegel
Die ganze Welt zum Bild.

Dich rührt die frische Helle,
Das Rauschen heimlich kühl,
Das lockt dich zu der Welle,
Weil's draußen leer und schwül.

Doch wolle nie dir halten
Der Bilder Wunderfest,
Tot wird ihr freies Walten,
Hältst du es weltlich fest.

Kein Bett darf er hier finden.
Wohl in den Tälern schön
Siehst du sein Gold sich winden,
Dann plötzlich meerwärts drehn.

[Frische Fahrt]

Laue Luft kommt blau geflossen,
Frühling, Frühling soll es sein!
Waldwärts Hörnerklang geschossen,
Mut'ger Augen lichter Schein,
Und das Wirren bunt und bunter
Wird ein magisch wilder Fluß,
In die schöne Welt hinunter
Lockt dich dieses Stromes Gruß.

Und ich mag mich nicht bewahren!
Weit von euch treibt mich der Wind,
Auf dem Strome will ich fahren,
Von dem Glanze selig blind!
Tausend Stimmen lockend schlagen,
Hoch Aurora flammend weht,
Fahre zu! ich mag nicht fragen,
Wo die Fahrt zu Ende geht!

Der Jäger Abschied

Wer hat dich, du schöner Wald,
Aufgebaut so hoch da droben?
Wohl den Meister will ich loben,
So lang noch mein Stimm erschallt.
Lebe wohl,
Lebe wohl, du schöner Wald!

Tief die Welt verworren schallt,
Oben einsam Rehe grasen,
Und wir ziehen fort und blasen,
Daß es tausendfach verhallt:
Lebe wohl,
Lebe wohl, du schöner Wald!

Banner, der so kühle wallt!
Unter deinen grünen Wogen
Hast du treu uns auferzogen,
Frommer Sagen Aufenthalt!
Lebe wohl,
Lebe wohl, du schöner Wald!

Was wir still gelobt im Wald,
Wollen's draußen ehrlich halten,
Ewig bleiben treu die Alten:
Deutsch Panier, das rauschend wallt,
Lebe wohl!
Schirm dich Gott, du schöner Wald!

[Wehmut]

Ich kann wohl manchmal singen,
Als ob ich fröhlich sei,
Doch heimlich Tränen dringen,
Da wird das Herz mir frei.

So lassen Nachtigallen,
Spielt draußen Frühlingsluft,
Der Sehnsucht Lied erschallen,
Aus ihres Käfigts Gruft.

Da lauschen alle Herzen,
Und alles ist erfreut,
Doch keiner fühlt die Schmerzen,
Im Lied das tiefe Leid.

[Morgen]

Fliegt der erste Morgenstrahl
Durch das stille Nebeltal,
Rauscht erwachend Wald und Hügel:
Wer da fliegen kann, nimmt Flügel!

Und sein Hütlein in die Luft
Wirft der Mensch vor Lust und ruft:
Hat Gesang doch auch noch Schwingen,
Nun so will ich fröhlich singen!

[Zwielicht]

Dämmrung will die Flügel spreiten,
Schaurig rühren sich die Bäume,
Wolken ziehn wie schwere Träume –
Was will dieses Graun bedeuten?

Hast ein Reh du, lieb vor andern,
Laß es nicht alleine grasen,
Jäger ziehn im Wald und blasen,
Stimmen hin und wieder wandern.

Hast du einen Freund hienieden,
Trau ihm nicht zu dieser Stunde,
Freundlich wohl mit Aug und Munde,
Sinnt er Krieg im tück'schen Frieden.

Was heut müde gehet unter,
Hebt sich morgen neugeboren.
Manches bleibt in Nacht verloren –
Hüte dich, bleib wach und munter!

Hinaus, o Mensch, weit in die Welt,
   Bangt dir das Herz in krankem Mut;
Nichts ist so trüb in Nacht gestellt,
   Der Morgen licht macht's wieder gut.

[Die Stille]

Es weiß und rät es doch keiner,
Wie mir so wohl ist, so wohl!
Ach, wüßt es nur Einer, nur Einer,
Kein Mensch sonst es wissen sollt!

So still ist's nicht draußen im Schnee,
So stumm und verschwiegen sind
Die Sterne nicht in der Höhe,
Als meine Gedanken sind.

Ich wünscht, es wäre schon Morgen,
Da fliegen zwei Lerchen auf,
Die überfliegen einander,
Mein Herze folgt ihrem Lauf.

Ich wünscht, ich wäre ein Vöglein
Und zöge über das Meer,
Wohl über das Meer und weiter,
Bis daß ich im Himmel wär!

Frühlingsfahrt

Es zogen zwei rüst'ge Gesellen
Zum ersten Mal von Haus
So jubelnd recht in die hellen
Klingenden, singenden Wellen
Des vollen Frühlings hinaus.

Die strebten nach hohen Dingen,
Die wollten trotz Lust und Schmerz,
Was Rechts in der Welt vollbringen,
Und wem sie vorübergingen
Dem lachten Sinnen und Herz. –

Der erste, der fand ein Liebchen,
Die Schwieger kauft' Hof und Haus;
Der wiegte gar bald ein Bübchen,
Und sah aus heimlichen Stübchen
Behaglich ins Feld hinaus.

Dem zweiten sangen und logen
Die tausend Stimmen in Grund,
Verlockend' Sirenen, und zogen
Ihn in der buhlenden Wogen
Farbig klingenden Schlund.

Und wie er auftaucht vom Schlunde
Da war er müde und alt,
Sein Schifflein das lag im Grunde,
So still war's rings in die Runde
Und über die Wasser weht's kalt.

Es singen und klingen die Wellen
Des Frühlings wohl über mir
Und seh ich so kecke Gesellen;
Die Tränen im Auge mir schwellen –
Ach Gott, führ uns liebreich zu Dir!

An Luise

1816

Ich wollt in Liedern oft dich preisen,
Die wunderstille Güte,
Wie du ein halbverwildertes Gemüte
Dir liebend hegst und heilst auf tausend süße Weisen,
Des Mannes Unruh und verworrnem Leben
Durch Tränen lächelnd bis zum Tod ergeben.

Doch wie den Blick ich dichtend wende,
So schön in stillem Harme
Sitz'st du vor mir, das Kindlein auf dem Arme,
Im blauen Auge Treu und Frieden ohne Ende,
Und alles laß ich, wenn ich dich so schaue –
Ach, wen Gott lieb hat, gab er solche Fraue!

[Götterdämmerung]

Von kühnen Wunderbildern
Ein großer Trümmerhauf,
In reizendem Verwildern
Ein blühnder Garten drauf.

Versunknes Reich zu Füßen,
Vom Himmel fern und nah,
Aus andrem Reich ein Grüßen –
Das ist Italia!

Wenn Frühlingslüfte wehen
Hold übern grünen Plan,
Ein leises Auferstehen
Hebt in den Tälern an.

Da will sich's unten rühren
Im stillen Göttergrab,
Der Mensch kann's schauernd spüren
Tief in die Brust hinab.

Verwirrend durch die Bäume
Gehn Stimmen hin und her,
Ein sehnsuchtsvolles Träumen
Weht übers blaue Meer.

Und unterm duft'gen Schleier,
So oft der Lenz erwacht,
Webt in geheimer Feier
Die alte Zaubermacht.

Frau Venus hört das Locken,
Der Vögel heitern Chor
Und richtet froh erschrocken
Aus Blumen sich empor.

Sie sucht die alten Stellen,
Das luft'ge Säulenhaus,
Schaut lächelnd in die Wellen
Der Frühlingsluft hinaus.

Doch öd sind nun die Stellen,
Stumm liegt ihr Säulenhaus,
Gras wächst da auf den Schwellen,
Der Wind zieht ein und aus.

Wo sind nun die Gespielen?
Diana schläft im Wald,
Neptunus ruht im kühlen
Meerschloß, das einsam hallt.

Zuweilen nur Sirenen
Noch tauchen aus dem Grund
Und tun in irren Tönen
Die tiefe Wehmut kund. –

Sie selbst muß sinnend stehen
So bleich im Frühlingsschein,
Die Augen untergehen,
Der schöne Leib wird Stein. –

Denn über Land und Wogen
Erscheint, so still und mild,
Hoch auf dem Regenbogen
Ein andres Frauenbild.

Ein Kindlein in den Armen
Die Wunderbare hält
Und himmlisches Erbarmen
Durchdringt die ganze Welt.

Da in den lichten Räumen
Erwacht das Menschenkind
Und schüttelt böse Träume
Von seinem Haupt geschwind.

Und, wie die Lerche singend,
Aus schwülen Zaubers Kluft
Erhebt die Seele ringend
Sich in die Morgenluft.

Der Isegrimm

Aktenstöße nachts verschlingen,
Schwatzen nach der Welt Gebrauch,
Und das große Tretrad schwingen
Wie ein Ochs, das kann ich auch.

Aber glauben, daß der Plunder
Eben nicht der Plunder wär,
Sondern ein hochwichtig Wunder,
Das gelang mir nimmermehr.

Aber andre überwitzen,
Daß ich mit dem Federkiel
Könnt den morschen Weltbau stützen,
Schien mir immer Narrenspiel.

Und so, weil ich in dem Drehen
Da steh oft wie ein Pasquill,
Läßt die Welt mich eben stehen –
Mag sie's halten, wie sie will!

[Der frohe Wandersmann]

Wem Gott will rechte Gunst erweisen
Den schickt er in die weite Welt,
Dem will er seine Wunder weisen
In Feld und Wald und Strom und Feld.

Die Trägen, die zu Hause liegen,
Erquicket nicht das Morgenrot,
Sie wissen nur vom Kinderwiegen,
Von Sorgen, List und Not um Brot.

Die Bächlein von den Bergen springen,
Die Lerchen schwirren hoch vor Lust,
Was sollt ich nicht mit ihnen singen
Aus voller Kehl und frischer Brust!

Den lieben Gott laß ich nur walten,
Der Bächlein, Lerchen, Wald und Feld
Und Erd und Himmel will erhalten,
Hat auch mein Sach aufs best bestellt!

Von Engeln und von Bengeln

Im Frühling auf grünem Hügel
Da saßen viel Engelein,
Die putzten sich ihre Flügel
Und spielten im Sonnenschein.

Da kamen Störche gezogen,
Und jeder sich eines nahm.
Und ist damit fortgeflogen,
Bis daß er zu Menschen kam.

Und wo er anklopft' bescheiden
Der kluge Adebar,
Da war das Haus voller Freuden –
So geht es noch alle Jahr.

Die Engel weinten und lachten
Und wußten nicht, wie ihn'n geschehn. –
Die einen doch bald sich bedachten
Und meinten: das wird wohl gehn!

Die machten bald wichtige Mienen
Und wurden erstaunlich klug,
Die Flügel gar unnütz ihn'n schienen,
Sie schämten sich deren genug.

Und mit dem Flügelkleide
Sie ließen den Flügelschnack,
Das war keine kleine Freude:
Nun stattlich in Hosen und Frack!

So wurden sie immer gescheuter
Und applizierten sich recht –
Das wurden ansehnliche Leute,
Befanden sich gar nicht schlecht.

Den andern war's, wenn die Aue
Noch dämmert' im Frühlingsschein,
Als zöge ein Engel durchs Blaue
Und rief' die Gesellen sein.

Die suchten den alten Hügel,
Der lag so hoch und weit –
Und dehnten sehnsüchtig die Flügel
Mit jeder Frühlingszeit.

Die Flügeldecken zersprangen,
Weit, morgenschön strahlt' die Welt,
Und übers Grün sie sich schwangen
Bis an das Himmelszelt.

Das fanden sie droben verschlossen,
Versäumten unten die Zeit –
So irrten die kühnen Genossen
Verlassen in Lust und Leid. –

Und als es nun kam zum Sterben,
Gott Vater zur Erden trat,
Seine Kinder wieder zu werben,
Die der Storch vertragen hat.

Die einen konnten nicht fliegen,
So wohlleibig, träg und schwer,
Die mußt er da lassen liegen,
Das tat ihm leid so sehr.

Die andern streckten die Schwingen
In den Morgenglanz hinaus,
Und hörten die Engel singen,
Und flogen jauchzend nach Haus!

[Heimweh]

Wer in die Fremde will wandern,
Der muß mit der Liebsten gehn,
Es jubeln und lassen die andern
Den Fremden alleine stehn.

Was wisset ihr, dunkele Wipfeln,
Von der alten schönen Zeit?
Ach, die Heimat hinter den Gipfeln,
Wie liegt sie von hier so weit.

Am liebsten betracht ich die Sterne,
Die schienen, wenn ich ging zu ihr,
Die Nachtigall hör ich so gerne,
Sie sang vor der Liebsten Tür.

Der Morgen, das ist meine Freude!
Da steig ich in stiller Stund
Auf den höchsten Berg in die Weite,
Grüß Dich Deutschland aus Herzensgrund!

[Abend]

Schweigt der Menschen laute Lust:
Rauscht die Erde wie in Träumen
Wunderbar mit allen Bäumen,
Was dem Herzen kaum bewußt,
Alte Zeiten, linde Trauer,
Und es schweifen leise Schauer
Wetterleuchtend durch die Brust.

Reiselied

Durch Feld und Buchenhallen,
Bald singend, bald fröhlich still,
Recht lustig sei vor allen
Wer's Reisen wählen will!

Wenn's kaum in Osten glühte,
Die Welt noch still und weit:
Da weht recht durchs Gemüte
Die schöne Blütenzeit!

Die Lerch als Morgenbote
Sich in die Lüfte schwingt,
Eine frische Reisenote
Durch Wald und Herz erklingt.

O Lust, vom Berg zu schauen,
Weit über Wald und Strom,
Hoch über sich den blauen
Tiefklaren Himmelsdom!

Vom Berge Vöglein fliegen
Und Wolken so geschwind,
Gedanken überfliegen
Die Vögel und den Wind.

Die Wolken ziehn hernieder,
Das Vöglein senkt sich gleich,
Gedanken gehn und Lieder
Fort bis ins Himmelreich.

Wanderlied

Vom Grund bis zu den Gipfeln,
So weit man sehen kann,
Jetzt blüht's in allen Wipfeln,
Nun geht das Wandern an.

Die Quellen von den Klüften,
Die Ström auf grünem Plan,
Die Lerchen hoch in Lüften,
Der Dichter frisch voran.

Und die im Tal verderben
In trüber Qualme Haft,
Er will sie alle werben
Zu dieser Wanderschaft.

Und von den Bergen nieder
Erschallt sein Lied ins Tal,
Und die zerstreuten Brüder
Faßt Heimweh allzumal.

Da wird die Welt so munter
Und nimmt die Reiseschuh,
Sein Liebchen mitten drunter
Die nickt ihm heimlich zu.

Und über Felsenwände
Und auf dem grünen Plan
Das wirrt und jauchzt ohn Ende –
Nun geht das Wandern an!

Toast

Auf das Wohlsein der Poeten,
Die nicht schillern und nicht göthen,
Durch die Welt in Lust und Nöten
Segelnd frisch auf eignen Böten.

Auf meines Kindes Tod

Das Kindlein spielt' draußen im Frühlingsschein,
Und freut' sich und hatte so viel zu sehen,
Wie die Felder schimmern und die Ströme gehen –
Da sah der Abend durch die Bäume herein,
Der alle die schönen Bilder verwirrt.
Und wie es nun ringsum so stille wird,
Beginnt aus den Tälern ein heimlich Singen,
Als wollt's mit Wehmut die Welt umschlingen,
Die Farben vergehn und die Erde wird blaß.
Voll Staunen fragt's Kindlein: ach, was ist das?
Und legt sich träumend ins säuselnde Gras;
Da rühren die Blumen ihm kühle ans Herz
Und lächelnd fühlt es so süßen Schmerz,
Und die Erde, die Mutter, so schön und bleich,
Küßt das Kindlein und läßt's nicht los,
Zieht es herzinnig in ihren Schoß
Und bettet es drunten gar warm und weich,
Still unter Blumen und Moos. –

»Und was weint ihr, Vater und Mutter, um mich?
In einem viel schöneren Garten bin ich,
Der ist so groß und weit und wunderbar,
Viel Blumen stehn dort von Golde klar,
Und schöne Kindlein mit Flügeln schwingen
Auf und nieder sich drauf und singen. –
Die kenn ich gar wohl aus der Frühlingszeit,
Wie sie zogen über Berge und Täler weit
Und mancher mich da aus dem Himmelblau rief,
Wenn ich drunten im Garten schlief. –
Und mitten zwischen den Blumen und Scheinen

Steht die schönste von allen Frauen,
Ein glänzend Kindlein an ihrer Brust. –
Ich kann nicht sprechen und auch nicht weinen,
Nur singen immer und wieder dann schauen
Still vor großer, seliger Lust.«

An meinen Bruder

Gedenkst du noch des Gartens
Und Schlosses überm Wald,
Des träumenden Erwartens:
Ob's denn nicht Frühling bald?

Der Spielmann war gekommen,
Der jeden Lenz singt aus,
Er hat uns mitgenommen
Ins blühnde Land hinaus.

Wie sind wir doch im Wandern
Seitdem so weit zerstreut!
Frägt einer nach dem andern,
Doch niemand gibt Bescheid.

Nun steht das Schloß versunken
Im Abendrote tief,
Als ob dort traumestrunken
Der alte Spielmann schlief'.

Gestorben sind die Lieben,
Das ist schon lange her,
Die wen'gen, die geblieben,
Sie kennen uns nicht mehr.

Und fremde Leute gehen
Im Garten vor dem Haus –
Doch übern Garten sehen
Nach uns die Wipfel aus.

Doch rauscht der Wald im Grunde
Fort durch die Einsamkeit
Und gibt noch immer Kunde
Von unsrer Jugendzeit.

Bald mächt'ger und bald leise
In jeder guten Stund
Geht diese Waldesweise
Mir durch der Seele Grund.

Und stamml' ich auch nur bange,
Ich sing es, weil ich muß,
Du hörst doch in dem Klange
Den alten Heimatsgruß.

Der letzte Gruß

Ich kam vom Walde hernieder,
Da stand noch das alte Haus,
Mein Liebchen, sie schaute wieder
Wie sonst zum Fenster hinaus.

Sie hat einen andern genommen,
Ich war draußen in Schlacht und Sieg,
Nun ist alles anders gekommen,
Ich wollt, 's wär wieder erst Krieg.

Am Wege dort spielte ihr Kindlein,
Das glich ihr recht auf ein Haar,
Ich küßt's auf sein rotes Mündlein:
»Gott segne dich immerdar!«

Sie aber schaute erschrocken
Noch lange Zeit nach mir hin,
Und schüttelte sinnend die Locken
Und wußte nicht wer ich bin. –

Da droben hoch stand ich am Baume,
Da rauschen die Wälder so sacht,
Mein Waldhorn, das klang wie im Traume
Hinüber die ganze Nacht.

Und als die Vögelein sangen
Frühmorgens, sie weinte so sehr,
Ich aber war weit schon gegangen,
Nun sieht sie mich nimmermehr!

[Dryander mit der Komödiantenbande]

Mich brennt's an meinen Reiseschuhn,
Fort mit der Zeit zu schreiten –
Was wollen wir agieren nun
Vor so viel klugen Leuten?

Es hebt das Dach sich von dem Haus
Und die Kulissen rühren
Und strecken sich zum Himmel raus,
Strom, Wälder musizieren!

Und aus den Wolken langt es sacht,
Stellt alles durcheinander,
Wie sich's kein Autor hat gedacht:
Volk, Fürsten und Dryander.

Da gehn die einen müde fort,
Die andern nahn behende,
Das alte Stück, man spielt's so fort
Und kriegt es nie zu Ende.

Und keiner kennt den letzten Akt
Von allen, die da spielen,
Nur der da droben schlägt den Takt,
Weiß, wo das hin will zielen.

[Lockung]

Hörst du nicht die Bäume rauschen
Draußen durch die stille Rund?
Lockt's dich nicht hinabzulauschen
Von dem Söller in den Grund,
Wo die vielen Bäche gehen
Wunderbar im Mondenschein
Und die stillen Schlösser sehen
In den Fluß vom hohen Stein.

Kennst du noch die irren Lieder
Aus der alten schönen Zeit?
Sie erwachen alle wieder
Nachts in Waldeseinsamkeit,
Wenn die Bäume träumend lauschen
Und der Flieder duftet schwül
Und im Fluß die Nixen rauschen –
Komm herab, hier ist's so kühl.

[Schöne Fremde]

Es rauschen die Wipfel und schauern,
Als machten zu dieser Stund
Um die halbversunkenen Mauern
Die alten Götter die Rund.

Hier hinter den Myrtenbäumen
In heimlich dämmernder Pracht,
Was sprichst du wirr wie in Träumen
Zu mir, phantastische Nacht?

Es funkeln auf mich alle Sterne
Mit glühendem Liebesblick,
Es redet trunken die Ferne
Wie von künftigem großen Glück! –

[Sehnsucht]

Es schienen so golden die Sterne,
Am Fenster ich einsam stand
Und hörte aus weiter Ferne
Ein Posthorn im stillen Land.
Das Herz mir im Leib entbrennte,
Da hab ich mir heimlich gedacht:
Ach wer da mitreisen könnte
In der prächtigen Sommernacht!

Zwei junge Gesellen gingen
Vorüber am Bergeshang,
Ich hörte im Wandern sie singen
Die stille Gegend entlang:
Von schwindelnden Felsenschlüften,
Wo die Wälder rauschen so sacht,
Von Quellen, die von den Klüften
Sich stürzen in die Waldesnacht.

Sie sangen von Marmorbildern,
Von Gärten, die überm Gestein
In dämmernden Lauben verwildern,
Palästen im Mondenschein,
Wo die Mädchen am Fenster lauschen,
Wann der Lauten Klang erwacht
Und die Brunnen verschlafen rauschen
In der prächtigen Sommernacht. –

Der Einsiedler

Komm Trost der Welt, du stille Nacht!
Wie steigst du von den Bergen sacht,
Die Lüfte alle schlafen,
Ein Schiffer nur noch, wandermüd,
Singt übers Meer sein Abendlied
Zu Gottes Lob im Hafen.

Die Jahre wie die Wolken gehn
Und lassen mich hier einsam stehn;
Die Welt hat mich vergessen,
Da tratst du wunderbar zu mir,
Wenn ich beim Waldesrauschen hier
Gedankenvoll gesessen.

O Trost der Welt, du stille Nacht!
Der Tag hat mich so müd gemacht,
Das weite Meer schon dunkelt,
Laß ausruhn mich von Lust und Not,
Bis daß das ew'ge Morgenrot
Den stillen Wald durchfunkelt.

Mondnacht

Es war, als hätt der Himmel
Die Erde still geküßt,
Daß sie im Blütenschimmer
Von ihm nun träumen müßt.

Die Luft ging durch die Felder,
Die Ähren wogten sacht,
Es rauschten leis die Wälder,
So sternklar war die Nacht.

Und meine Seele spannte
Weit ihre Flügel aus,
Flog durch die stillen Lande,
Als flöge sie nach Haus.

Wünschelrute

Schläft ein Lied in allen Dingen,
Die da träumen fort und fort,
Und die Welt hebt an zu singen,
Triffst du nur das Zauberwort.

[Abschied]

O Täler weit, o Höhen,
O schöner, grüner Wald,
Du meiner Lust und Wehen
Andächt'ger Aufenthalt!
Da draußen, stets betrogen,
Saust die geschäft'ge Welt,
Schlag noch einmal die Bogen
Um mich, du grünes Zelt!

Wann es beginnt zu tagen,
Die Erde dampft und blinkt,
Die Vögel lustig schlagen,
Daß dir dein Herz erklingt:
Da mag vergehn, verwehen
Das trübe Erdenleid,
Da sollst du auferstehen
In junger Herrlichkeit!

Da steht im Wald geschrieben
Ein stilles, ernstes Wort,
Von rechtem Tun und Lieben,
Und was des Menschen Hort.
Ich habe treu gelesen
Die Worte schlicht und wahr,
Und durch mein ganzes Wesen
Ward's unaussprechlich klar.

Bald werd ich dich verlassen,
Fremd in der Fremde gehn,
Auf buntbewegten Gassen,

Des Lebens Schauspiel sehn,
Und mitten in dem Leben
Wird deines Ernsts Gewalt,
Mich Einsamen erheben,
So wird mein Herz nicht alt.

Neue Liebe

Herz, mein Herz, warum so fröhlich,
So voll Unruh und zerstreut,
Als käm über Berge selig
Schon die schöne Frühlingszeit?

Weil ein liebes Mädchen wieder
Herzlich an dein Herz sich drückt,
Schaust du fröhlich auf und nieder,
Erd und Himmel dich erquickt.

Und ich hab die Fenster offen,
Neu zieh' in die Welt hinein
Altes Bangen, altes Hoffen!
Frühling, Frühling soll es sein!

Still kann ich hier nicht mehr bleiben,
Durch die Brust ein Singen irrt,
Doch zu licht ist's mir zum Schreiben,
Und ich bin so froh verwirrt.

Also schlendr' ich durch die Gassen,
Menschen gehen her und hin,
Weiß nicht, was ich tu und lasse,
Nur, daß ich so glücklich bin.

Frühlingsnacht

Übern Garten durch die Lüfte
Hört ich Wandervögel ziehn,
Das bedeutet Frühlingsdüfte,
Unten fängt's schon an zu blühn.

Jauchzen möcht ich, möchte weinen,
Ist mir's doch, als könnt's nicht sein!
Alte Wunder wieder scheinen
Mit dem Mondesglanz herein.

Und der Mond, die Sterne sagen's,
Und in Träumen rauscht's der Hain,
Und die Nachtigallen schlagen's:
Sie ist Deine, sie ist dein!

Weihnachten

Markt und Straßen stehn verlassen,
Still erleuchtet jedes Haus,
Sinnend geh ich durch die Gassen,
Alles sieht so festlich aus.

An den Fenstern haben Frauen
Buntes Spielzeug fromm geschmückt,
Tausend Kindlein stehn und schauen,
Sind so wunderstill beglückt.

Und ich wandre aus den Mauern
Bis hinaus ins freie Feld,
Hehres Glänzen, heil'ges Schauern!
Wie so weit und still die Welt!

Sterne hoch die Kreise schlingen,
Aus des Schneees Einsamkeit
Steigt's wie wunderbares Singen –
O du gnadenreiche Zeit!

[Der alte Garten]

Kaiserkron und Päonien rot,
Die müssen verzaubert sein,
Denn Vater und Mutter sind lange tot,
Was blühn sie hier so allein?

Der Springbrunn plaudert noch immerfort
Von der alten schönen Zeit,
Eine Frau sitzt eingeschlafen dort,
Ihre Locken bedecken ihr Kleid.

Sie hat eine Laute in der Hand,
Als ob sie im Schlafe spricht,
Mir ist, als hätt ich sie sonst gekannt –
Still, geh vorbei und weck sie nicht!

Und wenn es dunkelt das Tal entlang,
Streift sie die Saiten sacht,
Da gibt's einen wunderbaren Klang
Durch den Garten die ganze Nacht.

Zum Abschied

Der Herbstwind schüttelt die Linde,
Wie geht die Welt so geschwinde!
Halte dein Kindlein warm.
Der Sommer ist hingefahren,
Da wir zusammen waren –
Ach, die sich lieben, wie arm!

Wie arm, die sich lieben und scheiden!
Das haben erfahren wir beiden,
Mir graut vor dem stillen Haus.
Dein Tüchlein noch läßt du wehen,
Ich kann's vor Tränen kaum sehen,
Schau still in die Gasse hinaus.

Die Gassen schauen noch nächtig,
Es rasselt der Wagen bedächtig –
Nun plötzlich rascher der Trott
Durchs Tor in die Stille der Felder
Da grüßen so mutig die Wälder,
Lieb Töchterlein, fahre mit Gott!

Bei Halle

Da steht eine Burg überm Tale
Und schaut in den Strom hinein,
Das ist die fröhliche Saale,
Das ist der Gibichenstein.

Da hab ich so oft gestanden,
Es blühten Täler und Höhn,
Und seitdem in allen Landen
Sah ich nimmer die Welt so schön!

Durchs Grün da Gesänge schallten,
Von Rossen, zu Lust und Streit,
Schauten viel schlanke Gestalten,
Gleichwie in der Ritterzeit.

Wir waren die fahrenden Ritter,
Eine Burg war noch jedes Haus,
Es schaute durchs Blumengitter
Manch schönes Fräulein heraus.

Das Fräulein ist alt geworden,
Und unter Philistern umher
Zerstreut ist der Ritterorden,
Kennt keiner den andern mehr.

Auf dem verfallenen Schlosse,
Wie der Burggeist, halb im Traum,
Steh ich jetzt ohne Genossen
Und kenne die Gegend kaum.

Und Lieder und Lust und Schmerzen,
Wie liegen sie nun so weit –
O Jugend, wie tut im Herzen
Mir deine Schönheit so leid!

Nachts in Danzig

1843

Dunkle Giebel, hohe Fenster,
Türme tief aus Nebeln sehn,
Bleiche Statuen wie Gespenster
Lautlos an den Türen stehn.

Träumerisch der Mond drauf scheinet,
Dem die Stadt gar wohl gefällt,
Als läg zauberhaft versteinet
Drunten eine Märchenwelt.

Ringsher durch das tiefe Lauschen,
Über alle Häuser weit,
Nur des Meeres fernes Rauschen –
Wunderbare Einsamkeit!

Und der Türmer wie vor Jahren
Singet ein uraltes Lied:
Wolle Gott den Schiffer wahren,
Der bei Nacht vorüberzieht!

Die Altliberalen

Die wilden Wasser, sagt man, hat entbunden
Ein Lehrling einst, vorwitzig und vermessen,
Doch hinterdrein den Zauberspruch vergessen,
Der streng die Elemente hält gebunden.

Ein tödlich Pulver, sagt man, zu erkunden,
Hat einst ein Mönch sich überklug vermessen,
Und als er eben recht darauf versessen,
Im Zauberdampf den eignen Tod gefunden.

So habt den Zeitgeist ihr gebraut, gemodelt,
Und wie so lustig dann der Brei gebrodelt,
Ihm eure Zaubersprüche zugejodelt.

Und da's nun gärt und schwillt und quillt – was Wunder,
Wenn platzend dieser Hexentopf jetzunder
Euch in die Lüfte sprengt mit allem Plunder!

Wer rettet?

Es ist den frischen hellen Quellen eigen,
Was alt und faul, beherzt zu unterwühlen
Und Wasserkünste unversehns und Mühlen
Wild zu zerreißen, wenn die Fluten steigen.

Es liebt das Feuer frei emporzusteigen,
Verzehrend, die mit seinen Lohen spielen,
Es liebt der Sturm, was leicht, hinwegzuspülen,
Und bricht, was sich hochmütig nicht will neigen.

Sahn wir den Herren nun in diesen Tagen
Ernstrichtend durch das deutsche Land geschritten,
Und Wogenrauschen hinter seinen Tritten,

Und Flammen aus dem schwanken Boden schlagen,
Empor sich ringelnd in des Sturmes Armen:
Wer rettet uns noch da, als Sein Erbarmen?

Der verspätete Wandrer

Wo werd ich sein im künft'gen Lenze?
So frug ich sonst wohl, wenn beim Hüteschwingen
Ins Tal wir ließen unser Lied erklingen,
Denn jeder Wipfel bot mir frische Kränze.

Ich wußte nur, daß rings der Frühling glänze,
Daß nach dem Meer die Ströme funkelnd gingen,
Von fernem Wunderland die Vögel singen,
Da hatt das Morgenrot noch keine Grenze.

Jetzt aber wird's schon Abend, alle Lieben
Sind wandermüde längst zurückgeblieben,
Die Nachtluft rauscht durch meine welken Kränze,

Und heimwärts rufen mich die Abendglocken,
Und in der Einsamkeit frag ich erschrocken:
Wo werd ich sein im künft'gen Lenze?

Editorische Notiz

Die chronologisch nach der Entstehung geordneten Gedichte sind den nachfolgend genannten Ausgaben entnommen. Titel, die im Erstdruck noch fehlen und von Eichendorff erst später ergänzt wurden, sind in eckige Klammern gesetzt. Die Orthographie der Texte wurde behutsam modernisiert; der originale Lautstand blieb gewahrt. Die Interpunktion folgt den Druckvorlagen.

Variation, An Isidorus Orientalis, Waldlust, Die Hochzeitsnacht, Klage, Waldesgespräch

Joseph und Wilhelm von Eichendorffs Jugendgedichte. Hrsg. von Raimund Pissin. Berlin: Frensdorff, 1906.
Die Texte wurden nach den Handschriften im Freien Deutschen Hochstift (Frankfurter Goethe-Museum) korrigiert.

Lied, Heimkehr

Deutscher Dichterwald von Justinus Kerner, Friedrich Baron de la Motte Fouqué, Ludwig Uhland und andern. Tübingen: Heerbrandt, 1813.
Die Texte wurden nach den Handschriften im Freien Deutschen Hochstift (Frankfurter Goethe-Museum) korrigiert.

Hinaus, o Mensch, weit in die Welt

Faksimile von Eichendorffs Handschrift. In: Friedrich Vogt/Max Koch: Geschichte der Deutschen Litteratur von den ältesten Zeiten bis zur Gegenwart. Leipzig/Wien: Bibliographisches Institut, 1897.

Von Engeln und von Bengeln, Toast, Der letzte Gruß, Neue Liebe

Joseph Freiherrn von Eichendorffs Werke. Erster Theil. Gedichte. Berlin: M. Simion, 1841.

Nachts in Danzig, Der verspätete Wandrer:

Joseph Freiherrn von Eichendorffs sämmtliche Werke. Hrsg. von Hermann von Eichendorff. 2. Aufl. Bd. 1. Leipzig: Voigt & Günther, 1864.
Die Texte wurden korrigiert nach: Joseph von Eichendorff: Sämtliche Werke. Historisch-kritische Ausgabe. Hrsg. von Helmut Koopmann. Tübingen: Niemeyer, 1962 ff. Bd. 1, 4. S. 417. Bd. 1,3. S. 13 f.

Die übrigen Gedichte folgen:

Joseph von Eichendorff: Gedichte. Hrsg. von Peter Horst Neumann in Zusammenarbeit mit Andreas Lorenczuk. Stuttgart: Reclam, 1997.

Nachbemerkung

Einige Gedichte Joseph von Eichendorffs sind im 19. und 20. Jahrhundert als gesungene Lieder in Deutschland sehr populär geworden. Die beiden Abschiedslieder *O Täler weit, o Höhen* und *Wer hat dich, du schöner Wald* in Felix Mendelssohn Bartholdys Vertonung für vierstimmigen Männerchor von 1840 gehören bis heute zum festen Repertoire von Studentenverbindungen und Gesangsvereinen. Aus den Konzertsälen ist die *Mondnacht* in den durchkomponierten Fassungen von Robert Schumann und Johannes Brahms (1840 und 1853/54) geläufig. Eichendorff selbst erlebte noch den Beginn dieser Popularisierung, als ihm zu Ehren *Der Jäger Abschied* 1856 in Neiße intoniert wurde, und empfand es als besondere Auszeichnung, wenn seine Lieder – wie *In einem kühlen Grunde* – als anonyme »Volkslieder« tradiert wurden.

Es gehört jedoch zu den Gefahren dieser Überlieferung, daß sie komplexe Gedichte auf ihren Gebrauchs- und Gefühlswert reduzieren. Eichendorffs Gedichte wurden zu Wander- und Heimatliedern. Unterstützt von eingängigen Melodien wurden sie dazu benutzt, eine fröhliche oder wehmütige »Stimmung« auszulösen, die alle tieferen Schichten seiner Wortkunstwerke verdeckte. Auch die konventionelle Einbindung seiner Gedichte in Zyklen wie »Wanderlieder«, »Sängerleben«, »Frühling und Liebe«, »Romanzen«, wie sie für das spätere 19. Jahrhundert charakteristisch ist und noch bis in die historisch-kritische Eichendorff-Ausgabe unserer Tage konserviert wird, fördert diese oberflächliche Wahrnehmung über das Gefühl.

Ohne Melodien geboten und in Jugend- und Altersgedichte eingebettet, die nicht den typischen *Wunderhorn*-Volksliedton aufnehmen, erscheinen Eichendorffs Gedichte differenzierter. Bei der chronologischen Anordnung wird zudem die Entwicklung Eichendorffs deutlich, der nicht als

Meister vom Himmel fiel, sondern zunächst von den Novalis-Brüdern, Friedrich Schlegel und dem Grafen Otto Heinrich von Loeben, dann von Arnims und Brentanos romantisierter Sammlung *Des Knaben Wunderhorn* entscheidend beeinflußt wurde, um schließlich nach einschneidenden persönlichen und politischen Erfahrungen, wie dem Tod seines Kindes und der Revolution von 1848, ganz neue lyrische Töne hinzuzugewinnen.

Seine Meisterwerke der mittleren Schaffensperiode zeichnen sich jedoch durch eine raffinierte, dem Ton einiger Wunderhorn-Lieder abgelauschte Schlichtheit in Vers und Rhythmik, Syntax und Bilderwelt aus, wobei die geringe Differenzierung den Gedichten etwas Magisches verleiht. Es ist eine archetypische Welt, die Eichendorff in häufig wiederholten lyrischen ›Formeln‹ beschwört. Zugleich stehen diese Traumbilder bei Eichendorff für eine christlich fundierte, unumstößliche Ordnung: »Da steht im Wald geschrieben / Ein stilles, ernstes Wort«, heißt es mahnend im Abschiedslied. Selbst im scheinbar harmlosen Wanderlied deutet der Autor an, daß es »Gottes Gunst« bedarf, um seine Wunder in der »weiten Welt« zu erkennen. Wenn dann in der *Mondnacht* die Seele von ihrem Flug »nach Haus« träumt, so wird nur allzu deutlich, daß wir es bei Eichendorff nicht mit einem oberflächlichen Wander- und Heimatdichter zu tun haben. Eichendorff meint die ›ewige Heimat‹, die erst nach dem Tode erreicht wird, und seine gesamte Dichtung überschattet ein Memento mori.

Wer, wie einer der berühmten »rüst'gen Gesellen«, in einer romantischen Natur- und Wanderseligkeit versinkt und die Zeichen Gottes im Buch der Natur nicht zu deuten weiß, geht zu Grunde, und Eichendorff schließt sein Gedicht mit einer gebetsartigen Formel: »Ach Gott, führ uns liebreich zu Dir!«

Verzeichnis der Gedichtüberschriften und -anfänge

Lyrik-Ausgaben

IN RECLAMS UNIVERSAL-BIBLIOTHEK

Deutsche Literatur · Eine Auswahl

Anthologien

Blumen auf den Weg gestreut. 308 S. 16 Farbabb. (Gebunden)
Deutsche Balladen. 647 S. UB 8501 (auch gebunden)
Deutsche Gedichte. 368 S. UB 8012 (auch gebunden)
Deutsche Gedichte 1930–1960. 463 S. UB 7914
Deutsche Gedichte der sechziger Jahre. 294 S. UB 8211
Deutsche Gedichte zwischen 1918 und 1933. 381 S. UB 9711
Deutsche Liebeslyrik. 447 S. UB 7759 (auch gebunden)
Deutsche Lyrik-Parodien. 335 S. UB 7975
Deutsche Naturlyrik. 539 S. (Gebunden)
Deutsche Unsinnspoesie. 117 S. UB 9890
Die vier Jahreszeiten. 291 S. (Gebunden)
Die Wundertüte. Alte und neue Gedichte für Kinder. 317 S. 15 Abb. (Gebunden)
Gedichte des Barock. 413 S. UB 9975
Gedichte des Expressionismus. 261 S. UB 8726
Gedichte der Romantik. 532 S. UB 8230 (auch gebunden)
Großstadtlyrik. 413 S. UB 9639
Jahrhundertgedächtnis. Deutsche Lyrik im 20. Jahrhundert. 469 S. UB 9742 (auch gebunden)
Kristallisationen. Deutsche Gedichte der achtziger Jahre. 182 S. UB 8827
Lyrik des Exils. 511 S. UB 8089
Lyrik des Naturalismus. 260 S. UB 7807
Moderne deutsche Naturlyrik. 336 S. 6 Abb. UB 9969
Morgenstund und Mitternacht. Gedichte für alle Tageszeiten. 310 S. (Gebunden)
Stechäpfel. Gedichte von Frauen aus drei Jahrtausenden. 399 S. (Gebunden)

Einzelausgaben

Ausländer, Rose: *Regenwörter.* Gedichte. 115 S. UB 8959
Benn, Gottfried: *Gedichte.* 188 S. UB 8480
Bernstein, F. W.: *Reimweh.* 139 S. UB 9308
Biermann, Wolf: *Liebespaare in politischer Landschaft. Gedichte und Lieder.* 168 S. UB 18068
Brentano, Clemens: *Gedichte.* 256 S. UB 8669
Brinkmann, Rolf Dieter: *Künstliches Licht.* 167 S. UB 9311
Droste-Hülshoff, Annette v.: *Gedichte.* 176 S. UB 7662
Eich, Günter: *Fabula rasa.* 64 S. UB 8284
Eichendorff, Joseph v.: *Gedichte.* 183 S. UB 7925
Enzensberger, Hans Magnus: *Dreiunddreißig Gedichte.* Eine neue Auswahl. Ca. 90 S. UB 18136
Fleming, Paul: *Deutsche Gedichte.* 190 S. UB 2455
Fried, Erich: *Gedichte.* 80 S. UB 8863
George, Stefan: *Gedichte.* 86 S. UB 8444
Gernhardt, Robert: *Reim und Zeit & Co.*416 S. (Gebunden)
Goethe, Johann Wolfgang: *Gedichte.* 252 S. UB 6782
Gomringer, Eugen: *konstellationen.* 156 S. UB 9841
Grass, Günter: *Gedichte.* 88 S. UB 8060
Gryphius, Andreas: *Gedichte.* 173 S. UB 8799
Günther, Johann Christian: *Gedichte.* 103 S. UB 1295
Haller, Albrecht v.: *Die Alpen und andere Gedichte.* 119 S. UB 8963
Hebbel, Friedrich: *Gedichte.* 80 S. UB 3231
Hebel, Johann Peter: *Alemannische Gedichte.* Zweispr. 208 S. UB 8294
Heine, Heinrich: *Buch der Lieder.* 408 S. UB 2231 – *Gedichte.* 208 S. UB 8988 – *Neue Gedichte.* 331 S. UB 2241 – *Romanzero.* 303 S. UB 2250 – *Sämtliche Gedichte.* 1117 S. (Gebunden)
Heym, Georg: *Dichtungen.* 86 S. UB 8903
Hölderlin, Friedrich: *Gedichte.* 248 S. UB 6266
Hofmannsthal, Hugo von: *Gedichte.* 115 S. UB 18036
Hofmann v. Hofmannswaldau, Christian: *Gedichte.* 151 S. UB 8889
Holz, Arno: *Phantasus.* 159 S. UB 8549
Jandl, Ernst: *Laut und Luise.* 160 S. UB 9823 - *Sprechblasen.* 96 S. UB 9940

Kästner, Erich: *Gedichte.* 172 S. UB 8373

Kleist, Ewald Christian v.: *Sämtliche Werke.* 288 S. UB 211

Klopstock, Friedrich Gottlieb: *Oden.* 184 S. UB 1391

Krolow, Karl: *Gedichte und poetologische Texte.* 67 S. UB 8074

Kunert, Günter: *Gedichte.* 79 S. UB 8380

Lenau, Nikolaus: *Gedichte.* 176 S. UB 1449

Lessing, Gotthold Ephraim: *Sämtliche Gedichte.* 454 S. UB 28

Liliencron, Detlev v.: *Gedichte.* 160 S. UB 7694

Logau, Friedrich v.: *Sinngedichte.* 312 S. UB 706

Meyer, C. F.: *Sämtliche Gedichte.* 278 S. UB 9885

Mörike, Eduard: *Gedichte.* 176 S. UB 7661

Morgenstern, Christian: *Alle Galgenlieder.* 320 S. 6 Abb. (Gebunden)

Mühsam, Erich: *Trotz allem Mensch sein.* 192 S. UB 8238

Nietzsche, Friedrich: *Gedichte.* 144 S. UB 7117

Novalis: *Gedichte. Die Lehrlinge zu Sais.* 327 S. UB 7991

Opitz, Martin: *Gedichte.* 216 S. UB 361

Rilke, Rainer Maria: *Gedichte.* 324 S. UB 9623 (auch gebunden) – *Duineser Elegien. Die Sonette an Orpheus.* 157 S. UB 9624 – *Fünfzig Gedichte.* 77 S. UB 8291

Ringelnatz, Joachim: *Gedichte.* 128 S. UB 9701

Rückert, Friedrich: *Gedichte.* 333 S. UB 3672

Rühmkorf, Peter: *Selbstredend und selbstreimend.* 131 S. UB 8390

Schiller, Friedrich: *Gedichte.* 192 S. UB 7714

Storm, Theodor: *Gedichte.* 173 S. UB 6080

Trakl, Georg: *Werke – Entwürfe – Briefe.* 367 S. UB 8251

Wedekind, *Gedichte und Lieder.* 85 S. UB 8578

Philipp Reclam jun. Stuttgart